1er Mai 1875

V

Vente du Samedi 1er Mai 1875

SALLE N° 9

TABLEAUX

ANCIENS & MODERNES

EXPOSITION PUBLIQUE

Le Vendredi 30 Avril 1875

COMMISSAIRE-PRISEUR,
Me CHARLES PILLET.

EXPERT,
M. FÉRAL, PEINTRE.

CATALOGUE

DE

TABLEAUX

ANCIENS & MODERNES

DONT LA VENTE AURA LIEU

HOTEL DROUOT, SALLE N° 9

Le Samedi 1er Mai 1875,

A DEUX HEURES.

Par le ministère de **Me CHARLES PILLET**, Commissaire-Priseur,
10, rue de la Grange-Batelière,

Assisté de **M. FÉRAL**, Peintre-Expert, 23, rue de Buffault,

Chez lesquels se trouve le présent Catalogue.

EXPOSITION PUBLIQUE : Le Vendredi 30 Avril 1875,
DE UNE HEURE A CINQ HEURES.

CONDITIONS DE LA VENTE

Elle sera faite expressément au comptant.

Les acquéreurs payeront *cinq pour cent* en sus du prix d'adjudication.

PARIS. — Imp. PILLET FILS AINÉ, rue des Grands-Augustins, 5.

DÉSIGNATION

TABLEAUX ANCIENS

AGRICOLA

1 Paysage avec villageois au repos et cavaliers faisant halte sur la lisière d'un bois.

Deux pendants.

BELLOTTO

2 — Vue de Venise.

3 — Autre vue de Venise.

Deux pendants.

BERGHEM (d'après NICOLAS)

4 — Port de mer.

BERKEYDEN

5 — Place de l'Hôtel-de-Ville d'Amsterdam.

BOUCHER (F.)

6 — La Bergère endormie.

BOUT ET BOUDEWINS

7 — Paysage avec villageois et un cours d'eau au second plan.

BREYDEL (LE CHEVALIER)

8 — Combat de cavaliers.

BRIL (PAUL)

9 — La Chasse aux canards.

BRONZINO (genre de)

10 — Portrait d'une dame vénitienne tenant un fruit.

BROWER (genre de)

11 — L'Arracheur de dents.

BROWER (genre de)

12 — Buveur.

CANALETTI (?)

13 — Hussard à cheval traversant un paysage.

CASANOVA

14 — Animaux dans un paysage.

15 — Autre paysage avec animaux.

Deux pendants.

CHALLE

16 — Le lever.

CHARLIER

17 — Satyre surprenant deux naïades.

Grande miniature sur vélin.

COYPEL (attribué à)

18 — Portrait de la duchesse de Châtillon.

Elle est assise et tient une rose de la main gauche. Le haut du corsage est entouré d'une guirlande de fleurs.

DESPORTES

19 — Nature morte.

Des pêches, une bouteille et des verres avec du gibier mort ; accrochés au mur, un canard sauvage et une perdrix qu'un chat, qui s'est introduit par une fenêtre, cherche à saisir.

Signé en toutes lettres, à gauche, et daté 1736.

DESPORTES

20 — Nature morte. Perdrix et bécasses sur une table de cuisine.

DESPORTES (attribué à)

21 — Coraux et coquillages.

Deux pendants.

DIEPRAEM (A.)

22 — Le Médecin aux urines.

Signé à gauche.

DOLCI (d'après CARLO)

23 — La Vierge regardant l'enfant Jésus endormi.

DRECHSLER

24 — Fleurs dans un vase posé près d'une niche.

DUJARDIN (D'après KAREL)

25 — Les Bergers. Le père joue avec son enfant que la mère tient sur ses genoux.

DUYNEN (ISAAC VAN)

26 — Nature morte. Crabes et poissons sur une table.

FRAGONARD (d'après)

27 — Les Amants.

FRANCK

28 — Personnage oriental visitant les tableaux et curiosités d'un marchand juif.

GÉRICAULT

29 — Cuirassier debout, appuyé sur son cheval.

GREUZE (attribué à J.-B.)

30 — Tête de jeune fille.

GREUZE (genre de)

31 — Jeune fille en buste, les épaules nues.

GUASPRE (POUSSIN)

32 — Grand paysage avec rochers et cours d'eau.

33 — Autre grand paysage.

Deux pendants.

HÉDA

34 — Pâté, oranges, citrons, raisins, etc., vidrecome, verres, etc., posés sur une table.

HEEM (JOHAN DE)

35 — Fruits et fleurs posés dans un plat en faïence et sur une console de marbre.

JULIARD

36 — Paysage avec deux jeunes villageoises causant au pied d'un rocher.

37 — Autre paysage : maisons au bord d'une rivière.

Deux pendants.

KERTFURT

38 — Cavaliers dans un paysage au bord d'une rivière.

LAAR (PIERRE DE)

39 — La Partie de cartes.

LAHIRE (LAURENT DE)

40 — Intérieur d'un palais avec nombreux personnages.

LARGILLIÈRE

41 — Portrait d'une dame de la cour de Louis XIV.

LELY (LE CHEVALIER)

42 — Portrait d'homme, vu de face, vêtement noir avec collerette blanche.

LAURI (PH.)

43 — Jeune femme regardant l'Amour endormi.

MAAS (NICOLAS)

44 — Portrait de femme.

MALLET

45 — Jeune femme nue et debout se tirant les cartes.

MEER DE JONGHE (VAN DER)

46 — Animaux au repos dans un paysage, sous la garde d'une femme.

Beau tableau de l'artiste.
Signé en toutes lettres.

MIGNON (d'après ABRAH.)

47 — Fruits et fleurs, reptiles et insectes.

MOMERS

48 — Moutons au repos dans un paysage montueux; au premier plan une femme trait une chèvre.

MOREL (NICOLAS)

49 — Fleurs : roses, pivoines, pavots, dalhias, etc., posés près d'une fenêtre.

MOUCHERON

50 — Parc avec fontaine et statues.

Signé en bas à droite.

NEER (d'après VAN DER)

51 — Maisons au bord d'une rivière.
Clair de lune.

NETSCHER

52 — Jeune femme pinçant de la guitare dans un parc.

OMMÉGANCK (d'après)

53 — Petite bergère gardant des moutons.

RECCO

54 — Poissons.

REMBRANDT (école de)

55 — Portrait d'homme, vu de face; vêtement grenat avec fourrures.

56 — La Circoncision.

ROMBOUTS (TH.)

57 — Arbres au bord d'un chemin sur lequel sont un cavalier et d'autres personnages.

Signé au bas.

ROSLIN

58 — Portrait d'une jeune femme, coiffée d'un chapeau à larges bords avec rubans.

ROTTENHAMER

59 — Bacchus et Ariane.

ROTTENHAMER

60 — Satyre montrant des bijoux à une jeune femme.

STEENWYK

61 — Intérieur d'une église avec nombreux personnages.

TARAVAL

62 — Vénus et Adonis.

TENIERS (d'après DAVID)

63 — Intérieur flamand : buveurs et fumeurs près d'une cheminée.

Signé du monogramme AB.

TITIEN (d'après)

64 — Sainte Madeleine.

VAN DAEL

65 — Pêches et raisins, posés sur une table de marbre.

Peinture sur marbre.

WAGNER (J.)

66 — Déchargement d'un bateau au bord d'une rivière.

WEENIX (genre de)

67 — Nature morte. Gibier.

WYCK (THOMAS)

68 — Le Chirurgien de village.

Signé en bas, à droite.

ÉCOLE ALLEMANDE

69 — Tableau à deux faces.

D'un côté, un Christ en croix; de l'autre, docteur adressant un discours à plusieurs personnages.

ÉCOLE FRANÇAISE

70 — Portrait de mademoiselle de Miré.

Célèbre danseuse de l'Opéra, représentée en costume d'amazone.

ÉCOLE FRANÇAISE

71 — Portrait de femme, vue de face et debout.

ÉCOLE ITALIENNE

72 — Peintre dans son atelier.

ÉCOLE ITALIENNE

73 — Marchandes de fruits.

74 — Autres marchandes de fruits.

Deux pendants.

TABLEAUX MODERNES

BENKELAAR

75 — La Ménagère.

BIANCHINI (d'après ANDRÉ DEL SARTE)

76 — La Madeleine.

BIANCHINI (d'après GREUZE)

77 — Tête de jeune fille.

BIANCHINI (d'après GUIDO-RENI)

78 — La Fortune et l'Amour.

BIANCHINI (d'après Mme VIGÉE-LEBRUN)

79 — Portrait de madame Vigée-Lebrun.

GUIDO-RENI (d'après)

80 — Portrait de Béatrix-Cenci.

CAROLUS (J.)

81 — Le Trio.

Signé et daté 1863.

CHINTREUIL

82 — Paysage. Les Luzernes.

Signé.

COOK (H.)

83 — Vue d'Écosse. Site montagneux avec rivière.

Signé à gauche.
Aquarelle.

DUPRÉ (JULES)

84 — Paysage. Animaux au repos sur la lisière d'un bois.

Signé et daté 1833.

FLERS

85 — Ustensiles de cuisine : broc, écuelle, carottes, navets, poireaux, etc., déposés sur une table.

FRANCKERBERG (VAN)

86 — Jeune fille arrangeant des fleurs dans un vase.

Signé.

GALLARD-LÉPINAY (F.)

87 — Vue de Venise.

Signé à gauche et daté 1866.

GUDIN (TH.)

88 — La Tempête.

Signé et daté.

HARPIGNIES

89 — Campagne de Rome.

Signé et daté 1863.

HARPIGNIES

90 — Paysage traversé par un cours d'eau.

Soleil couchant.

HERVIER

91 — Barque de pêcheur tirée sur le sable.

JONGHE (GUSTAVE DE)

92 — Jeune femme faisant de la tapisserie et regardant un chat qui joue avec une pelote de laine.

Signé.

LANDELLE (CH.)

93 — Femme arabe debout tenant un vase.

Signé et daté 1869.

LANSAC (ÉMILE DE)

94 — L'Enlèvement de Déjanire.

Signé.

LEMMENS (CH.)

95 — Coq, poule et poussins.

Signé et daté 1849.

LITSCHAUER

96 — L'Armurier.

Signé et daté.

MALBRANCHE

97 — Enfants faisant des fagots.

98 — Enfants rapportant des fagots.

Deux pendants.

MOREAU (CHARLES)

99 — Jeune femme lisant une lettre.

Signé à gauche.

OSSENBECK (VAN)

100 — Troupeau de vaches et de moutons pâturant auprès de rochers, sous la garde de plusieurs enfants.

QUINAUX (J.)

101 — Site des Pyrenées; des animaux se désaltèrent dans un cours d'eau.

Signé et daté 1844.

RENARD (L.)

102 — La Petite mère.

Signé et daté 1874.

ROUSSEAU (genre de)

103 — Paysage. Soleil couchant.

SADÉE (PH.).

104 — Intérieur rustique. Le Fiancé.

Signé et daté 1868.

SAUVAGE (P.)

105 — Petite paysanne attachant son fichu devant une glace.

Signé.

SAVERY (ROLLAND)

106 — Lion et lionnes dans un paysage.

Signé à gauche.

SCHOLTEN

107 — Le Favori.

Signé.

SOUKENS (HENRICK)

108 — Sujet mythologique.

Signé H. S. en bas, à gauche.

TERLINDEN (VAN)

109 — Chien et chat. Une femme cherche à séparer un chien et un chat qui se battent.

VATELIN (EUG.)

110 — Paysage avec mare.

111 — Paysage avec route.

Deux pendants.
Signés et datés.

VINCELET

112 — Fleurs dans un vase de faïence.

Jolie gouache signée et datée.

ÉCOLE ANGLAISE

113 — Bords de la mer. Barques de pêcheurs et nombreux personnages réunis sur le rivage.

ÉCOLE ANGLAISE

114 — Marine. Arrivée d'un grand nombre de barques de pêcheurs.

ÉCOLE ITALIENNE

115 Enfant endormi.

Miniature sur vélin.

ÉCOLE MODERNE

116 — Maison rustique avec enfants jouant sur le seuil.

ECOLE MODERNE (Monogramme A. R.)

117 — Bouquet de fleurs dans un vase renversé.

ÉCOLE MODERNE (Monogramme A. R.)

118 — Fleurs et fruits sur une console.

Signé et daté A. R., 1839.

ÉCOLE MODERNE — BELGE

119 — Paysage avec chaumière construite le long d'une route bordée d'arbres.

ÉCOLE MODERNE — BELGE

120 — Retour de chasseurs arrivant à la grille d'un parc.

ÉCOLE MODERNE (Monogramme E. D.)

121 — Baigneuse.

AQUARELLES

DOLTI

122 — Italienne debout dans la campagne.

123 — Italien à cheval traversant une prairie.

124 — Paysan italien, debout, le coude appuyé sur un vieux mur.

125 — Italien faisant boire son cheval à une fontaine.

126 — Femme debout tenant un bouquet.

www.ingramcontent.com/pod-product-compliance
Ingram Content Group UK Ltd.
Pitfield, Milton Keynes, MK11 3LW, UK
UKHW032030260826
14628UKWH00006B/2853

9 782329 534770